CATALOGUE

D'UNE

COLLECTION DE GRAVURES

ET

DE LITHOGRAPHIES

SUR LE DÉPARTEMENT DE LA CREUSE

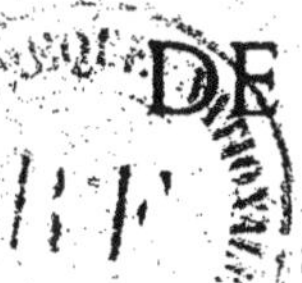

APPARTENANT A M. A. MAZET

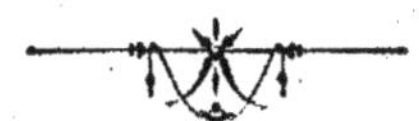

(Extrait revu du *Bulletin de la Société des Sciences Naturelles et Archéologiques de la Creuse*).

GUÉRET

IMPRIMERIE P. AMIAULT, 3, RUE DU MARCHÉ

1886

CATALOGUE

D'UNE

COLLECTION DE GRAVURES

ET

DE LITHOGRAPHIES

SUR LE DÉPARTEMENT DE LA CREUSE

APPARTENANT A M. A. MAZET

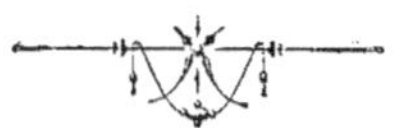

(Extrait revu du *Bulletin de la Société des Sciences
Naturelles et Archéologiques de la Creuse*).

GUÉRET

IMPRIMERIE P. AMIAULT, 3, RUE DU MARCHÉ

1886

Ce Catalogue n'a pas la prétention d'avoir épuisé la liste des Estampes représentant les curiosités du département de la Creuse, ni des Portraits de tous les personnages qui y sont nés ou dont le souvenir se rattache à son histoire. Nous espérons seulement que nos recherches patiemment poursuivies pendant plusieurs années nous ont permis de former une collection où les lacunes ne se rencontrent qu'à l'état d'exception. Le but auquel nous tendons en faisant cette publication est de fournir un document qui puisse aider dans leurs recherches ceux à qui rien dans le passé de notre pays ne reste indifférent. Si notre œuvre a la bonne fortune de rencontrer de la sympathie auprès des personnes qui partagent notre culte pour les annales de notre province, nous les prions, en les assurant à l'avance de notre gratitude, de nous signaler les Estampes de toutes natures dont l'existence nous serait demeurée inconnue.

A. M.

Saint-Sulpice-le-Donzeil, le 25 juin 1886.

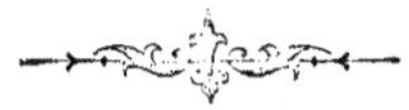

CATALOGUE

D'UNE COLLECTION DE GRAVURES ET DE LITHOGRAPHIES

Sur le département de la Creuse

APPARTENANT A M. A. MAZET

———◦➤☆◅◦———

TOPOGRAPHIE

Carte du Gouvernement de la Marche, 565—464 (S. D.);
— Ecrite par Aubert, gravée par Tardieu.

Extrait de la carte de Peutinger ou table Théodosienne,
265—225. — Toull et Ahun, par M. Coudert Lavillatte;
1 vol. Guéret, Vᵉ Betoulle, *1856*.

Carte des Lémovices, 290—275. — Aubusson, considéré
comme lieu de campement des armées de César, par Thuot;
1 vol. Limoges, Vᵉ Ducourtieux, 1873.

Carte du département de la Creuse, divisé en 7 districts (1)
et 25 cantons (S. D.), 270—207. — *Atlas national.*

Carte du département de la Creuse, divisé en 7 districts;
195—125 (S. D).

Carte du département de la Creuse dressée par Vuillemain,
gravée par Villerey; avec une vue de Guéret et types de
paysans, 250—200. — Monuments celtiques de la Creuse,
par Cancalon; 1 vol. in-12, Aubusson, Langlade, *1842*.

(1) La loi qui établit la division de la France en départements et des
départements en districts porte les dates : 22 déc. 1789, 8 janvier 1790.
Les districts furent ensuite remplacés par les arrondissements le 28 plu-
viôse, an VIII. La confection de la carte se place dans ce délai.

Carte du département de la Creuse, 220—175. — Album de la Creuse de Langlade; 1 vol. in-4°, Aubusson, Vᵉ Borget, *1847*.

Carte du département de la Creuse par A. Joanne, gravée par Erhard, 320—260. — Géographie de la Creuse; 1 vol. in-12, Paris, Hachette, *1882*.

Carte du département de la Creuse par Malte-Brun, gravée par Erhard, 335—260. — *France Illustrée*, 1 vol. in-4°, Paris, Roanne, 1881-83.

Carte du département de la Creuse par Michel, gravée par Dandeleux, avec une vue de la porte du château de Boussac, 250—200. — *Atlas départemental* (S. D).

Carte du département de la Creuse par Monin, gravée par Allez, avec une vue des ruines du château de Boussac. — *Atlas national de la France* (S. D).

Carte géologique du département de la Creuse, par M. de Cessac. — Bul. Société Sciences Nat. et Arch. de la Creuse, Guéret, Dugenest.

<center>~~~~~</center>

Paysages & Dessins

Vallon de Pierre-Fol, grav. par Lepère, d'après le tableau de Gaston Vuillier, 330—270. — *Monde Illustré*, année 1882, nᵒ 1312.

Un matin sur la Creuse, grav. d'après le tableau de M. Dardoize, 262—127. — *Catalogue Illustré du Salon*, 1881.

Gorges du Taurion. Ch. Barbant del., 174—109. — *Géographie de la Creuse*, de Joanne (op. loc. cit.)

Types de paysans Creusois, 270—170. — *France pittoresque*, d'Abel Hugo, 1 vol. in-4°, 1835, Paris, Delloye.

Costumes des habitants de la Creuse, 145—128. — France illustrée de Malte-Brun, 1re édition; 1 vol. in-4°, Paris, Barba, 1854-1860.

Drapeaux des princes de la Marche, 63—60. — Recherches sur les drapeaux Français par Desjardins; 1 vol. in-8°, Paris, Morel et Cie, 1874.

ARRONDISSEMENT DE GUÉRET

CANTON D'AHUN

Scel des consuls d'Ahun. — Bul. Société des Sciences Nat. et Arch. de la Creuse, Guéret, Dugenest.

Moutier-d'Ahun: Portail de l'église. Langlade del., 295—213. — *Album de la Creuse (op. loc. cit.)*

Moutier-d'Ahun : Portail de l'église, 178—167. — *Magasin pittoresque*, 1875, N° de janvier.

Moutier-d'Ahun : Portail de l'église. Vuillier del., 174—110. — *Géographie de la Creuse*, de Joanne (op. loc cit.)

Moutier-d'Ahun : Lutrin. Langlade del., 105—50. — *Album de la Creuse (op. loc. cit.)*

Moutier-d'Ahun : Fragment de stalle. Langlade del., 73—66. — *Album de la Creuse (op. loc. cit.)*

Moutier-d'Ahun : Piscine de l'église. Roy del., 100—60. — Etude par Ag. Bouvene (Revue de l'*Art chrétien*).

Moutier-d'Ahun: Croix reliquaire. — Etude par M. G. Callier. Revue de l'*Art chrétien*, 1886, 1re livraison.

Busseau-d'Ahun : Pont viaduc. Clerget del., 174—109. — *Géographie de la Creuse*, de Joanne (op. loc. cit.)

Busseau-d'Ahun : Pont viaduc. Chapron del., 335—250. — *Gazette des Architectes*, 1867. Etudes sur l'exposition, 1 vol. in-4°, Paris, Morel et Cie.

CANTON DE BONNAT

Malval : Reliquaire de l'église, 2 héliogravures, — Malval, ses monuments, ses seigneurs, par G. Cailler *(Bulletin monumental, 1879)*.

Malval : Plan de l'église. — Malval, ses monuments, etc., *(op. loc. cit)*.

CANTON DE DUN

Crozant : Ruines du château. Langlade del., 295—202. — *Album de la Creuse (op. loc. cit.)*

Crozant : Ruines du château. Barbant del., 174—109. — *Géographie de la Creuse*, de A. Joanne *(op. loc. cit.)*

Crozant et Bridiers : Plans des châteaux, 243—147. — Mémoires Société des Antiquaires de l'Ouest. Tom. XXVI.

Scet de Jean de Naillac, vicomte de Bridiers, 140—83. — Bul. Société Sciences Nat. et Arch. de la Creuse, tom. III, pl. II *(op. loc. cit.)*

Naillac : Menhir. — Bul. Société Sciences Nat. et Arch. de la Creuse *(op. loc. cit.)*

CANTON DU GRAND-BOURG

Chamborand : Château. Langlade del. 295—205. — *Album de la Creuse (op. loc. cit.)*

Grand-Bourg de Salagnac : Ambon, 225 —140. — Mémoire de M. de Cessac. *Revue du Centre*, Châteauroux, Nuret, 1879.

Grand-Bourg : Reliquaire de St Léobon, 228—150. — Mémoire de M. Callier. Revue de l'*Art chrétien*.

St-Pierre de Fursac : Église. Langlade del., 198—148. — *Album de la Creuse (op. loc. cit.)*

St-Pierre-de-Fursac (dolmen près). Lafont del., 220—132. — Monuments celtiques de la Creuse (*op. loc. cit.*)

CANTON DE GUÉRET

Guéret : Vue générale. Fleury del., Conche scul., 270—180. — *France pittoresque*, d'Abel Hugo *op. loc. cit.)*

Guéret : Vue générale, 220—125. — Voyage en France de Lavallée, an IV de la République.

Guéret : Vue générale. Rauch del., Schrœderer scul., 220—120. — Guide du voyageur en France, tom. III. Paris, Didot, 1836.

Guéret au XVII° siècle (Plan de), 273—270. — Bul. Société Sciences Nat. et Arch. de la Creuse (*op. loc. cit.*)

Guéret : Vue générale, 200—185. — *France Illustrée*, de Malte-Brun, 1re éd. (*op. loc. cit.*)

Guéret : Vue générale. Clerget del., Noveillier scul., 153—139. — *France Illustrée*, de Malte-Brun, nouvelle édition, (*op. loc. cit.*)

Guéret : Habitation des comtes de la Marche. Langlade del., 292—212. — *Album de la Creuse (op. loc. cit.)*

Guéret : Habitation des comtes de la Marche. G. Vuillier del., 174—109. — *Géographie de la Creuse, (op. loc. cit.)*

Guéret : Palais des comtes de la Marche. — Architecture civile et militaire, par de Caumont, 1 vol. in-18°. Caen, Leblanc-Hardel.

Guéret : Plan de l'église, 215—140. — Notes sur l'église de Guéret, par M. de Cessac, 1 vol. in-8°. Guéret, Richet.

Guéret (Musée) : Panneau en ivoire de la châsse de Saint-Pardoux, 132—212. — Vie de St-Pardoux, par Coudert Lavillatte, 1 vol. in-18. Guéret, Dugenest.

Guéret (Musée) : Panneau d'ivoire de la châsse, bras en cuivre doré et chef en ivoire de Saint-Pardoux, 136—208.

Guéret (Musée) : Chef en ivoire de Saint-Pardoux, 115—165.

Guéret (Musée) : Croix de fabrication limousine, 243—160.

Ave Maria du Musée de Guéret, par Barbier de Montault.

Stèle et dalle du Puy-de-Gaudy, inscription du village des Bains. — Congrès scientifiques de France ; Mémoire de M. P. de Cessac ; imp. Dugenest, 1878.

Anzème : Vue du pont, 170—105. — Gravure inédite d'après un dessin de M. de Clairembault.

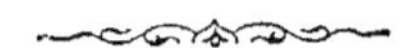

CANTON DE St-VAURY

Montaigut-le-Blanc : Château. Barbant del., 100—78. — *Géographie de la Creuse*, *(op. loc. cit.)*

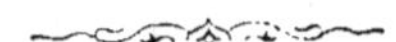

CANTON DE LA SOUTERRAINE

Azerables : Église, 120—111. — Mémoires de la Société des Antiquaires de l'Ouest. t. XXVI.

St-Germain-Beau-Pré : Château. Langlade del., 295—213. — *Album de la Creuse (op. loc. cit.)*

St-Germain-Beau-Pré : Vue et plan du château, 132—305. — Mémoires de la Société des Antiquaires de l'Ouest, t. XXVI.

La Souterraine : Vue générale, 174—109. — Gravure *signée* Taylor (S. D).

La Souterraine : Forteresse de Hugues, 145-98. — Annonce de l'*Album de la Creuse* de Langlade.

La Souterraine : Eglise. Dancard del., 173—108. — Géographie de la Creuse de A. Joanne (*op. loc. cit.*)

La Souterraine : Vue et plan de l'église, 310—247. — Mémoires de la Société des Antiquaires de l'Ouest, t. XXVI.

La Souterraine : Eglise. Langlade del., 295-213. — *Album de la Creuse (op. loc. cit).*

La Souterraine : Porte de l'église, 195—135. — Dictionnaire d'architecture de Viollet-Le-Duc, tom. VII, 1 vol. in-8°. Paris, Morel et Cⁱᵉ.

La Souterraine : Lanterne des morts, 295—155. — Etudes sur les Lanternes des morts, par l'abbé Leclerc ; 1 vol. in-8°. Limoges, Ducourtieux, 1882.

La Souterraine : Lanterne des morts, 160—112. — Bulletin de la Société archéologique du Limousin (tirage à part).

Versillat : Lanterne des morts, 250—155. — Etudes sur les Lanternes des morts par l'abbé Leclerc (*op. loc. cit.*)

Versillat : Lanterne des morts, 160—122. — Bulletin de la Société archéologique du Limousin (*op. loc. cit.*)

Versillat : Lampadaire, 118—41. — Mémoires de la Société des antiquaires de l'Ouest, t. XXVI.

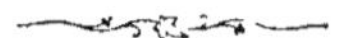

Arrondissement d'Aubusson

CANTON D'AUBUSSON

Aubusson : Vue Générale, 205—122. — Voyage en France de Lavallée, an IV de la République (*op. loc. cit.*)

Aubusson : Vue générale, Meaulle del., 174—109. — Géographie de la Creuse de A. Joanne, (*op. loc. cit.*)

Aubusson : Vue du château tel qu'il était en 1646, 211—144. — Dessin original au crayon, *signé* Barbat.

Aubusson avant la démolition, Rauch del., Schrœderer scul., 202—117. — Guide du voyageur en France, t. III (*op. loc. cit.*)

Aubusson : Ruines du château, Langlade del., 296—205. — *Album de la Creuse* (*op. loc. cit.*)

Aubusson : Ruines du château, Rauch del., Schrœderer scul., 202—117. — Guide du voyageur en France, t. III (*op. loc. cit.*)

Aubusson : Château démoli en 1835 (avant la démolition) Fleury del., 181—139. — *France pittoresque* d'Abel Hugo. (*op. loc. cit.*)

Aubusson : Ruines du château, vue du Sud-Ouest. — Bul. Société Sciences Nat. et Arch. de la Creuse, t. II. Bulletin IV.

Aubusson : Ruines du château, Tour de Gandulphe, H. Toussaint del., 270—110. — *Construction moderne*, N° 23. Année 1886.

Aubusson : Musée, façade et Plans, A. Mazel del., 350—270. — *Construction moderne*, n° 23. 1886.

Aubusson : Musée, Coupe sur l'axe de la galerie, A. Mazel del., 270—130. — *Construction moderne*, n° 23. 1886.

Aubusson : Manufacture Royale de tapis. Rauch del., Schrœderer scul., 202—106. — Guide du voyageur en France, t. III (*op loc. cit.*)

Aubusson : Chapelle St-Jean. 210—143. — Dessin original au crayon par Barbat.

Aubusson : Pont de la Terrade. Clerget del., 182—165. — *Géographie de la France* de Lavallée et J. Verne; 1 vol. in-4°, 1869, Paris, Hetzel.

Aubusson : Salle d'asile (2 planches). Bulot del., 368—273. — Architecture communale de Narjoux, Paris, V° Morel et C°.

Alleyrat : Vue, 220 —144. — Dessin original inédit au crayon, par Barbat.

Blessac : Dolmen, 200—132. — Monuments celtiques de la Creuse (*op. loc. cit.*)

St-Maixant : Château, 220—144. — Dessin original inédit au crayon par Barbat.

St-Maixant : Château. Langlade del. 307—240. — *Album de la Creuse (op. loc. cit.)*

CANTON DE BELLEGARDE

St-Domet : Château. Dumoulin del., 445—318. — Petites habitions françaises. Paris. Morel et C°.

CANTON DE CHÉNÉRAILLES

Chénérailles : Charte communale. fac-similé publié aux frais de la Société des Sciences Naturelles et Archéologiques.

Bonlieu : Vue générale de l'Abbaye. Langlade del., 295—205. — *Album de la Creuse (op. loc. cit.)*

Bonlieu : Abside de l'église de l'Abbaye. Langlade del., 200—170. — *Album de la Creuse (op. loc. cit.)*

Bonlieu : Gravure d'après un tableau de Rembrand, 70—80. — *Album de la Creuse (op. loc. cit.)*

Bonlieu : Pont, Porte, Cascade (3 planches). Langlade del., 70—80. — *Album de la Creuse (op. loc. cit.)*

Bonlieu : Vitrail. — Dictionnaire d'Architecture de Violet-Le-Duc. Tom IX *(op. loc. cit.)*

Mazeau : Château. Langlade del., 60—50. — *Album de la Creuse (op. loc. cit.)*

Saint-Pardoux-les-Cards : Mairie et École mixte. Bulot del. 2 planches, 360—270. — Architecture communale de Narjoux *(op. loc. cit.)*

CANTON DE CROCQ

Crocq : Ruines des tours. Langlade del., 295—238. — *Album de la Creuse (op. loc. cit.)*

Crocq : Chapelle. Langlade del., 195—102. — *Album de la Creuse (op. loc. cit.)*

Crocq : Dolmen. Lafont del., 180—127. — Monuments celtiques de la Creuse *(op. loc. cit.)*

Crocq : Dolmen d'Urbe. Langlade del., 70—66. — *Album de la Creuse (op. loc. cit.)*

CANTON D'EVAUX

Evaux : La patère d'Evaux par F. Valentin. (extrait du *Bulletin épigraphique 1881*).

CANTON DE FELLETIN

Felletin : Vue générale, 202—123. — Voyage en France de Lavallée, An IV de la République.

Felletin : Église du Moutier. G. Vuillier del., 109—99. — Géographie de la Creuse de A. Joanne (*op. loc. cit.*)

Felletin : Église du Moutier. Langlade del., 295—210. — *Album de la Creuse (op. loc. cit.)*

Felletin : Dolmen, dit Cabanne de César. Lafont del., 180—127. — Monuments celtiques de la Creuse (*op. loc. cit.*)

Felletin : Lanterne des morts. Lafont del., 180—127. — Monuments celtiques de la Creuse (*op. loc. cit.*)

Felletin : Lanterne des morts. Langlade del., 74—57. — *Album de la Creuse (op. loc. cit.).*

Felletin : Lanterne des morts, 345—155. — Études sur les Lanternes des Morts, par l'abbé Leclerc (*op. loc. cit.*)

Felletin : Lanterne des morts, 160—122. — Bulletin de la Société archéologique du Limousin (*op. loc. cit.*)

Felletin : Manufacture de M. Sallandrouze. Rauch del., Schrœderer scul., 283—121. — Guide du voyageur en France, t. III (*op. loc. cit.*)

Felletin : Église du Château. Langlade del., 64—56. — *Album de la Creuse (op. loc. cit.)*

Mas-Laurent : Château (3 planches). Daumet del., 355—275. — Encyclopédie d'architecture, 2ᵉ série, Paris, Morel.

Moutier-Roseille : Église. Langlade del., 295—209. — *Album de la Creuse (op. loc. cit.)*

Moutier-Rauseille : Plan de l'église. Eglise collégiale de Moutier-Rauseille par J. de Cessac, Guéret, Amiault, 1886,

Saint-Antoine : Chapelle. Langlade del., 201—144. — *Album de la Creuse (op. loc. cit.)*

Saint-Quentin : Menhir. Lafont del., 197—125. — Monuments celtiques de la Creuse *(op. loc. cit.)*

CANTON DE SAINT-SULPICE-LES-CHAMPS

La Borne : (Chapelle) Porte latérale, 230—160. — La Borne et la Chapelle Notre-Dame, par A. Mazet. 1 vol. in-8°, Paris, Morel.

La Borne : Plan de la Chapelle, 220—160. — La Borne et la Chapelle Notre-Dame *(op. loc. cit.)*

La Borne : Tapisserie, 230—160. — La Borne et la Chapelle Notre-Dame *(op. loc. cit.)*

La Borne : 1° Date de la construction de la Chapelle, 140—64 ; — 2° Armes des d'Aubusson et de François Viersac, 65—45. — La Borne et la Chapelle Notre-Dame *(op. loc. cit.)*

Vedignac, commune d'Ars : Objets trouvés dans une sépulture, 155—256. — Mémoire de M. de Cessac. Revue archéologique, 1874.

ARRONDISSEMENT DE BOURGANEUF

CANTON DE BÉNÉVENT

Bénévent : Église. Langlade del., 295—217. — *Album de la Creuse (op. loc. cit.)*

Bénévent : Église. Taylor del., 100—83. — *Géographie de la Creuse de A. Joanne (op. loc. cit.)*

Grand-Murat : Puits funéraire, 220—144. — Mémoire de M. de Cessac. Bulletin monumental, 1873, Tours, imp. Bouserez.

Arrènes (Antiquités trouvées à), 200—145. — Bul. Société sciences nat. et archéologique de la Creuse (*op. loc. cit.*)

Saint-Goussaud : Lanterne des morts, 250—165. — Études sur les Lanternes des morts par l'abbé Leclerc (*op. loc. cit.*)

Saint-Goussaud : Lanterne des morts, 160—122. — Bul. de la Société archéologique du Limousin (*op. loc, cit.*)

CANTON DE BOURGANEUF

Bourganeuf : Tour de Zizim. Clerget del., 200—165. — *France Illustrée* de Malte-Brun (*op. loc. cit.*)

Bourganeuf : Tour de Zizim. Langlade del., 295—202. — *Album de la Creuse* (*op. loc. cit.*)

Bourganeuf : Tour de Zizim. Rauch del., Schrœderer scul., 164—107. — Guide du voyageur en France, t. III. (*op. loc. cit.*)

Bourganeuf : Tour de Zizim. Tripon del., 207—132. — *Album du Limousin.* 1 vol. in-18. (*S. D.*)

Bourganeuf en 1742 : Château et Église d'après les plans de Desmatry, 250—160. — L'Ordre de Saint-Jean de Jérusalem par Vayssière, 1 vol in-8. Tulle, Crauffon, 1884.

Bourganeuf : Notre-Dame du Puy. Langlade del., 80—71. — *Album de la Creuse* (*op. loc. cit.*)

Bourganeuf : Notre-Dame du Larrier. Langlade del., 95—65. — *Album de la Creuse* (*op. loc. cit.*)

Bourganeuf : Maison de campagne des environs. Delton del., 445—310. — Habitations françaises de Duval et Kaufman, 1 vol. in-fol. Paris, Morel.

La Roche : Ermitage, près Bourganeuf. Langlade del., 195—146. — *Album de la Creuse* (*op. loc. cit*).

Saint-Priest-Palus : Dolmen. Lafont del., 175—125. — Monuments celtique de la Creuse (*op. loc. cit.*)

CANTON DE PONTARION

Persaix : La Pierre des neuf gradins. Lafont del., 175—125. — Monuments celtiques de la Creuse (*op. loc. cit.*)

Persaix : Entassement de Rochers. Lafont del., 175—125. — Monuments celtiques de la Creuse (*op. loc. cit.*)

Nadapeyras : Pierre branlante. Lafont del., 175—125. — Monuments celtiques de la Creuse (*op. loc. cit.*)

Drouille : Dolmen, (commune de Saint-Éloy). Lafont del., 175—125. — Monuments celtiques de la Creuse (*op. loc. cit.*)

Vidaillat : Porte et Croix de Cimetière. Narjoux del., 360—273. — Architecture communale (*op. loc. cit.*)

Saint-Georges : Dolmen. Lafont del., 175—125. — Monuments celtiques de la Creuse (*op. loc. cit.*)

Thauron : Le Bonnet Anglais, 175—125. — Monuments celtiques de la Creuse (*op. loc. cit.*)

CANTON DE ROYÈRE

Cascade des Jarraux, près Saint-Martin-Château. G. Vuillier del., 174—109. — *Géographie de la Creuse de A. Joanne* (*op. loc. cit.*)

Monteil-ou-Vicomte : Ruines du Château. Vuillier del., 104—79. — *Géographie de la Creuse* de A. Joanne (*op. loc. cit.*)

Monteil-au-Vicomte : Ruines du Château. Langlade del., 295—210. — *Album de la Creuse (op. loc. cit.)*

ARRONDISSEMENT DE BOUSSAC

CANTON DE BOUSSAC

Boussac : Vue générale par Chastillon, 472—121.

Boussac : Vue générale par Mérian, 356—121. — 1 vol in-4°, Francfort-sur-le-Mein, 1650.

Boussac : Vue générale, par Mérian, 205—149. — (*op. loc. cit.*)

Boussac : Vue générale, 204—124. — Voyage en France de Lavallée, an IV de la République.

Boussac : Château. Langlade del., 295—205. — *Album de la Creuse (op. loc. cit.)*

Boussac : Vue générale. Vuillier del., 173—107. — *Géographie de la Creuse* de A. Joanne (*op. loc. cit.*)

Boussac en 1648, 200—115. — *Album de la Creuse (op. loc. cit.)*

Boussac : Château. Clerget del., 194—168. — (*France Illustrée* de Malte-Brun, nouvelle édition (*op. loc. cit.*)

Boussac : Château. Ether del., 153—137. — (*France Illustrée* de Malte-Brun, 1re édition (*op. loc. cit.*)

Boussac : Château. Fleury del., 179—130. — *France pittoresque* d'Abel Hugo (*op. loc. cit.*)

Toulx-Sainte-Croix : Pierres Jomath. Lafont del., 175—725. — Monuments celtiques de la Creuse (*op. loc. cit.*)

Toulx - Sainte - Croix : Pierres en équilibre. Lafont del., 175—125. — Monuments celtiques de la Creuse (*op. loc. cit.*)

Epenel : Pierres en équilibre, 175—125. — Monuments celtiques de la Creuse (*op. loc. cit.*)

Ep-Nel : Pierres, 175—125. — Monuments celtiques de la Creuse (*op. loc. cit*).

CANTON DE CHAMBON

Chambon : Vue générale. Vuillier del., 162—109. — *Géographie de la Creuse* de A. Joanne (*op. loc. cit.*)

Chambon : Buste reliquaire de Sainte-Valerie, 137—105. — Mémoire de M. Callier.

Chambon : Église. Langlade del. 197—210. — *Album de la Creuse* (*op. loc. cit.*)

Chambon : Église. (Photogravure), 380—130. — Annuaire de l'archéologue de M. A. Saint-Paul.

Chambon : Gorges de la Tardes. Vuillier del., 162—109. — *Géographie de la Creuse* de A. Joanne (*op. loc. cit.*)

Châtelet en la Marche (Commune de Budelière) : — 2 vues, par Chastillon, 470—110.

Tour-Sainte-Austrille : Tumulus. Lafont del., 175—185. — Monuments celtiques de la Creuse (*op. loc. cit.*)

Tour-Sainte-Austrille : Objets trouvés dans les fouilles. Hugon del. — Mémoire de M. de Cessac, lu à la Sorbonne.

CANTON DE CHATELUS

Châtelus : Vue générale. Vuillier del. 140. — *Géographie de la Creuse* de A. Joanne (*op. loc. cit.*)

PORTRAITS

Aubusson (Pierre d'), grand prieur d'Auvergne. Sergent del., 1792, de Cernel scul., 275—200.

Aubusson (Pierre d'), XXXIXe grand maître, en l'an 1479. Cars scul. (*S. D.*) 300—227.

Aubusson (Pierre d'), grand maître de l'ordre de Saint-Jean-de Jérusalem, 1579 ; peint par Amiel, 320—221. — Gravure d'après un tableau des galeries de Versailles.

Aubusson (Pierre d'), grand maître de l'ordre de Saint-Jean de Jérusalem. 107—75. — *France pittoresque* d'Abel Hugo (*op. loc. cit.*)

Aubusson (Louis d'), duc de la Feuillade, Maréchal de France, 1724-1725. Peint par Bifeldt. — Gravure d'après un tableau des galeries de Versailles.

Assolant (Alfred), né à Aubusson, mort à Paris. G. Vuillier del. — *Monde Illustré*, 27 mars 1886, n° 1513.

Bannoy de la Chaud (L.), député du baillage de Guéret, né à Felletin, le 21 décembre 1729. — 325—530.

Biancourt (Ch. de), maréchal des camps et armées du roi, député du département de la Creuse. Lambert del., Coqueret scul., 325—230.

Delavallade (Joseph), né à Lavallade (Creuse) le 17 mars 1792, chirurgien de la Grande Armée, 400—280. — Lithographie Vibert (Paris).

Delavallade, représentant du peuple à l'Assemblée nationale de 1848, in-4°.

Desaincthorent, représentant du peuple à l'Assemblée nationale de 1848, in-4°.

Fayolle (Edmond), représentant du peuple à l'Assemblée nationale de 1848, in-4°.

Goubert (François), curé de Bellegarde, « né au Busson, « le 4 octobre 1735, député du Guéret à l'Assemblée natio- « nale de 1789. » Perrin del., Voyez scul., 283—210.

Grellet de Bauregard, avocat du roi au présidial de Guéret, né à Aubusson, en 1750, député de la Sénéchaussée de Guéret à l'Assemblée nationale de 1789. Gros del., Courbe scul., 283—210.

Grellet de Beauregard, avocat du roi, député de la Sénéchaussée de Guéret. Duchemin del. Allais scul., 285—210.

Guisard (Silvain), représentant à l'Assemblée nationale de 1848, in-4°.

Laipaud (comte de), né au château du Mat-du-Bot, le 13 janvier 1725, grand sénéchal d'épée de la Marche, député de cette province à l'Assemblée nationale de 1789. Turlure del., Desliens scul., 282—210.

Lassare (F.), réprésentant du peuple à l'Assemblée nationale de 1848, in-4°.

Leclerc (Félix), réprésentant du peuple à l'Assemblée nationale de 1848, in-4°.

Le Faure (Amédée), député de la Creuse, 113—84. — *Monde Illustré*, n° 1238, 3 décembre 1881.

Leyraud, représentant du peuple, à l'Assemblée nationale de 1848, in-4°.

Lhermite (Tristan), gentilhomme de la Marche. Duguernier del., Daret cœl., 1648, 222—146.

Lhermite (Tristan), « poëte de l'Académie françoise, gentilhomme né à Souliers dans la Marche, il mourut l'an 1656. » — Collection Desrochers.

Nadaud (Martin), représentant du peuple à l'Assemblée nationale de 1848 ; in-4°.

Roudaire, lieutenant-colonel, auteur du projet de mer intérieure en Afrique, mort à Guéret, le 14 janvier 1885. Vuillier del. — *Monde Illustré*, n° 1452, 24 janvier 1885.

Sallandrouze de Lamornaix, représentant du peuple à l'Assemblée nationale de 1848, in-4°.

Sandeau (Jules). 1850. — Gravure de Metzmacher, d'après le portrait de Henri Lhéman.

Sandeau (Jules), membre de l'Académie française (*S. D.*)

Sandeau (Jules), membre de l'Académie française. — *Monde Illustré*, n° 48, 15 mars 1858.

Sandeau (Jules), né à Aubusson, le 19 février 1811, membre de l'Académie française, en 1858.

Sandeau (Jules), mort à Paris, le 24 avril 1883. Vuillier del. — *Monde Illustré* n° 1361, 28 avril 1883.

Tailland, capitaine, tué à Tuyen-Quan, le 3 mars 1885. Vuillier del. — *Monde Illustré*, n° 1474, 27 juin 1885.

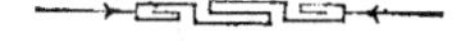

ESTAMPES

dont j'ai constaté l'existence mais ne figurant pas dans ma collection

Guéret : Vue générale. Exemplaire de la Bibliothèque nationale, 150—120. — Sans provenance connue.

Pont de la Terrade à Aubusson. Auguste Goy del., Langlade lit. Bibliothèque nationale, 250—370.

Felletin : Lanterne des morts. Ant. Roy del., Aglaus Bouvenne scul. (Bibliothèque nationale). — Revue de l'*Art chrétien*.

La Roche-Aymon : Château. Lit. de Jourdan. (Bibliothèque nationale). 180—180.

Château de Boussac, lith., in-4° (sans date ni provenance connues).

Château de Jouillat. Guéret, Dugenest, in-4°, lit. (Bibliothèque de M. de Cessac).

Reliquaire de St-Eutrope (Mémoire de M. G. Cailler, extrait de la Revue de l'*Art chrétien*, 1881.

Château de la Chezotte, représentant les deux façades du château. Guéret, Dugenest, in-4°, 2 lit. (Bibliothèque de M. de Cessac).

Château de la Chezotte, lithographie de Desjardins. Guéret, Dugenest, in-folio.

Vue du château d'Aubusson, tel qu'il était avant sa démolition ; lit. par Pierre Langlade, in-4°.

Vue du château de St-Jean. Guéret, lith. Dugenest, 1821, in-4°. (Bibliothèque de M. de Cessac).

Vues prises dans le département de la Creuse, par Eugène Cicéri, 1847. Paris, Lemercier, in-folio, 4 lit. : 1° Rue de l'Eglise à Crocq ; — 2° Ruines du château de Crocq ; — 3° Bords de la Creuse à Aubusson ; — 4° Entrée d'Aubusson.

ALBERT MAZET,
Architecte.

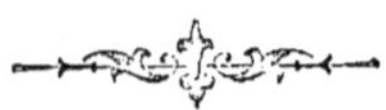

GUÉRET. — Imprimerie P. AMIAULT, 3, rue du Marché.

www.ingramcontent.com/pod-product-compliance
Lightning Source LLC
LaVergne TN
LVHW051336200726
843510LV00002B/657